EXPÉDITION DU YACHT

„ Outrenniaya Zaria “ — „ Aurore “

du fleuve Yénisséï par la mer de Karsk

et

L'OCÉAN BORÉAL A ST. PÉTERSBOURG.

EN 1877.

Propriété du membre de la Société de l'Académie nationale, industrielle, commerciale et agricole à Paris,

MICHEL SIDOROFF

ST. PETERSBOURG.
Imprimerie de Roettger et Schneider, Persp. de Nevsky 5.
1879.

EXPÉDITION DU YACHT «OUTRENNIAYA ZARIA» — «AURORE» — DU YÉNISSÉI PAR LA MER DE KARSK ET L'OCÉAN BORÉAL A VARDÉ, EN 1877.

Rapport du capitaine Schwanenberg, commandant du «Zaria», lu dans la séance du 6 décembre 1877 au Comité de la Section de St. Pétersbourg de la Société Impériale d'encouragement au commerce maritime russe.

ANNÉE 1877.

En 1873, j'ai reçu l'invitation de Mr. M. Sidoroff à partir pour la Sibérie orientale, afin de procéder à la construction d'un clipper, pour lequel le matériel de construction était déjà approvisionné, et dont je devais plus tard prendre le commandement; mais retenu par d'autres engagements, il m'était impossible de me rendre immédiatement à ses désirs, et je ne pus le rejoindre qu'en 1875.

Mr. Sidoroff me fit alors partir pour la ville de Yenisseïsk, où j'arrivai effectivement en Juin 1876.

Le clipper «Sieviernoyé Sianié» — «Aurore» — y était déjà à peu près terminé; mais il était encore dépourvu de voiles, de poulies, d'agrés et d'ancres; les matelots même y manquaient. Quoique le constructeur (de Yénisseïsk) se fût chargé de l'appareillage complet du navire et de son taquelage, et bien qu'il eût touché d'avance tout l'argent, il ne s'était pas même donné la peine d'engager des matelots; il m'avait pourtant télégraphié à St. Pétersbourg, que tout le taquelage, l'équipage, tout était prêt.

J'avais peu d'espoir de trouver en Sibérie un taquelage convenable; cependant autorisé par Mr. Sidoroff à ne reculer devant aucune dépense, je reussis à en faire l'acquisition; mais à grands frais, ainsi que j'ai eu l'honneur d'en informer la Société *par mon rapport sur l'expédition au golfe du Yénisséï en* 1876 sur le clipper «Sieviernoyé Sianié», du 4 Janvier 1877, imprimé dans les annales de la Section (exercice 1877, page 252).

Ne pouvant trouver aucun matelot assez expérimenté pour former mon équipage, je me vis forcé d'engager des ouvriers, qui n'avaient jamais vu la mer, et de les exercer autant que possible au service du marin pendant notre trajet sur le fleuve Yénisséï. Dès que le bâtiment eut été approvisionné de vivres, d'échantillons, de marchandises et de diverses collections, nous mîmes à la voile pour l'embouchure du fleuve Yénisseï, et de là nous entrâmes en pleine mer le 6 Septembre 1876; mais des vents contraires, de violentes tempêtes et des gelées de 3 à 5 degrés nous empêchèrent de poursuivre notre route. De plus, la tempête ayant déchiré notre grande voile, il ne restait qu'à revenir à l'embouchure du Yénisséï et à hiverner auprès des îles «Petites Brékhauses».

Le pilote Noummeline dut alors rester sur le navire avec trois matelots, tandis que moi-même je me mis en route pour St. Pétersbourg. En passant par le village «Tolstoï Noss» — j'ai instamment prié le starosta (l'ancien) de l'endroit Kokcharov, de visiter sans faute chaque mois l'équipage délaissé et de le fournir de viande de renne, ainsi que d'autres vivres. Je lui promis, qu'il serait largement récompensé de ses peines. Plein de confiance dans la parole de Kokcharov, qui avait consenti pleinement à ma proposition, je partis convaincu, qu'il ferait tout son possible pour venir en aide à l'équipage.

Mais à mon retour de Pétersbourg, de suite après la débacle, je trouvai, que notre bâtiment avait péri. Il avait hiverné dans un petit détroit entre deux îles plus élevées; mais en hiver les ouragans et les chasse-neiges avaient si bien comblé le dit détroit, qu'il n'était plus à voir, quoique les côtes des îles s'élevassent au-dessus du niveau de l'eau à la hauteur de 42 pieds (2,19 metres). Notre navire, ne signalant plus son existence que par les extrémités de ses mats, avait sombré sous l'énorme poids de la neige, et, à l'époque du dégel il avait été entraîné à la distance d'une verste de son point de station, avec un flanc et la proue endommagés.

Durant tout l'hiver, le pilote Noummeline se trouva dans la position la plus critique. Deux de ses matelots moururent du scorbut; le troisième partit pour le village «Tolstoï Noss» et fut probablement mangé par les loups. Le starosta Kokcharov, sans tenir aucun compte de mes lettres, ne se rendit chez Noummeline qu'une seule fois durant tout l'hiver, et même alors seulement pour lui demander de l'eau-de-vie, dont nous étions pourvus pour le voyage. Kokcharov ne songea pas même à envoyer à l'équipage un de ses nombreux ouvriers étrangers, ce qui lui aurait pourtant été bien facile, puisqu'il disposait d'une grande quantité de rennes et de chiens; il n'expédia pas même une livre de viande au pilote Noummeline, qui resta au désert à peu près six mois depuis le 16 Septembre jusqu'au 29 Avril; le dernier temps, il n'avait pour toute société que deux ouvriers malades et huit chiens, ses amis fidèles. Ces animaux se nourissaient en grande partie des taupes, en les attrapant au moment, où elles sortaient de leurs trous pour respirer l'air frais sur la neige.

Noummeline, ayant un jour attelé les chiens ses braves compagnons, se rendit à 100 verstes de là, au village «Tolstoï Noss», pour demander de la viande de renne, et le starosta Kokcharov, dans sa générosité, alla jusqu'à lui céder un misérable renne pour six roubles (20 francs). Ce renne devint peu après la proie des loups; il n'en resta que les os.

Revenu à la maison sans succes, Noummeline entreprit un nouveau voyage toujours avec ses chiens, au golfe du Yenisséï à 120 verstes au village Goltchikha chez un commis du marchand Kitmanoff. Il reçut de celui-ci la chair d'un renne entier au prix d'un rouble 50 cop. (5 francs), et, ayant engagé un seul ouvrier, il revint à bord du «Sieviernoyé Sianié». Il mit 10 heures pour ce trajet de 100 verstes, et 18 heures pour le trajet de 120 verstes avec le repos de 3 heures.

Noummeline alors trouva à engager un homme de peine et reprit le chemin de son séjour. — La distance de 100 verstes, il l'avait parcourue en 10 heures de temps avec une heure de repos; la distance de 100 verstes il la parcourut en 18 heures avec 3 heures de repos.

Le 25 Décembre suivant, dans la direction du pôle, on vit apparaître une aurore boréale, remarquable accompagnée d'un grand fracas, et qui vint illuminer le ciel de son demi-cercle rappelant l'arc-en-ciel. Le moment le plus pénibe pour le pilote Noummeline fut celui ou il resta seul avec ses deux compagnons malades. Vers la fin de l'hiver, il eut beaucoup de difficulté à se procurer de l'eau, qu'il fallait puiser au puits pratiqué dans la glace, dont l'èpaisseur dépassait la taille d'un homme.

Enfin le 29 Avril il eut la joie de voir arriver un autre pilote Meyvald, un matelot Tziboulenko et deux ouvriers, qui lui apportèrent de la viande fraîche et une nouvelle collection de produits du pays. Comme Kokcharov n'avait pas daigné envoyer au pilote Noummeline un seul ouvrier pour l'aider en temps opportun à débarrasser de neiges le navire, et que Noummeline à lui tout seul ne pouvait suffire à ce travail, la neige accumulée était devenue tellement dure et compacte que la pelle n'y mordait plus, et que les nouveaux arrivants, malgré la meilleure volonté du monde, firent de vains efforts pour dégager notre bâtiment. La câle était rempli d'eau, et les approvisionnements, fourrures, peaux et autres, étaient inondés. — Les fortes gelées avaient rendu imposible la conservation des animaux vivants, oies, canards d'une espèce remarquable, renards de Sibérie, loups, renards des Pôles. Les froids avaient commencé le 12 Novembre, et le mercure du thermomètre, après s'être congelé à — 37° Réaumur, resta ainsi stationnaire pendant longtemps. Ce n'est que le 26 Avril, que pour la première fois il remonta à zéro; le 5 Mai il marqua — 14° de froid; les 15 et 16 Mai suivants, jours de la Trinité et du St. Esprit, la température se remit à zéro, tandis qu'à Pétersbourg, comme il paraît, il faisait très froid. Le 19 Mai le thermomètre marqua + ½° de chaud, et le 18 Juin le mercure atteignit + 18°.

L'eau avait commencé à monter à partir du 1-er Juin, mais ce n'est qu'au 6 Juin suivant que les glaces se mirent en marche. Ce jour-là Noummeline avec ses quatre compagnons et ses huit chiens se réfugièrent sur le toit de la cabane, qu'il avait habitée pendant l'hiver; il fallut placer les biscuits dans la nacelle solidement amarrée au toit, et, quoique ce toit n'eut pas plus de deux sagènes carrées, tout le monde dut y trouver place pendant huit jours, et s'occuper sans relâche à écarter avec des perches les glaçons menaçants en dormant tour à tour. Quand arrivait un glaçon avec lequel les gens éveillés ne pouvaient pas lutter, il reveillaient les autres pour lui donner avec toutes leurs forces reunies une autre direction. La chétive cabane, ébranlée par la violence du courant des eaux et du choc des glaçons, menaçait à chaque instant d'être emportée, et l'on peut dire, que si le courant eut monté d'un pied de plus, l'eau aurait dépassé le toit, et c'en était fait d'elle.

L'inondation du Yénisséï, en cet endroit était de 60 verstes, s'étendait à 30 verstes de chaque côté de la cabane; Dieu seul pouvait sauver ces malheureux d'une mort imminente.

Sur les lacs comme sur l'océan, au moment du danger, les Russes ont l'habitude d'adresser leur prière au patron St. Nicolas. C'est donc à son intercession auprès du Tout-Puissant, que Noummeline et ses compagnons ont dû leur salut pendant la formidable débâcle du Yénisséï, et qu'ils ont réussi à traverser la mer de Karsk et l'océan sur un frêle bateau. Une circonstance, qui ne manque pas d'intérêt, c'est que deux perdrix, elles mêmes en détresse, au milieu de ces vastes espaces liquides, vinrent s'abattre à côté d'eux: l'une se posa sur la tête de Meyvaldt, et l'autre moins heureuse fut attrapée par un chien.

Disons aussi un mot de mes propres pérégrinations. A mon retour de St. Pétersbourg, au mois d'Avril, je me rendis à la rivière Koureïka, afin de préparer pour une prime au capitaine Wigguins un chargement d'excellent graphite pour son entrée de la pleine mer à l'embouchure du Yénisséï. Pour y arriver à travers des plaines marécageuses, et encore en pleines gélées, il me fallut une semaine entière, obligé de passer les nuits en plein vent avec nos rennes et les Ostiaques, que j'avais engagés pour l'extraction du minerai. En route pour revenir, je tombai malade, et il me fallut rester couché dans une forêt pendant 24 jours. Une nuit, un ours, surpris par la fonte de la neige, sortit de sa tanière près de l'endroit, où j'étais couché, et nous en trouvâmes de nombreuses traces au point du jour. Cette année là les eaux pritanières de la rivière Koureïka montèrent à 25 sagènes (53$^1/_2$ mètres), et c'est avec le courant de ces hautes eaux, que les Ostiaques me transportèrent à l'embouchure de la rivière Koureïka, où nous fûmes accueillis avec joie par le capitaine Wigguins et ses gens. Emportés dans un petit canot placé sur un glaçon, nous fûmes arrêtés dans notre course par Wigguins, qui nous lança lui-même la corde du rivage. Nous avions placé notre canot sur un glaçon, parce qu'il était déjà à moitié pourri.

Voilà combien d'obstacles nous avons eu à surmonter mon pilote et moi.

J'arrivai le 16 Juin à l'endroit, où avait hiverné notre bâtiment, et ce ne fut pas sans un profond chagrin, que je me vis obligé de désespérer de remplir les instructions de M-r Sidoroff. Celui-ci m'avait écrit, qu'en cas de perte du «Sieviernoye Sianié» je devais procéder immédiatement à la construction d'un autre bâtiment, et que si ce dernier se perdait aussi, je devais en construire un troisième; mais que pour rien au monde je ne devais revenir par voie de terre à St. Pétersbourg. Dieu exauça ma prière; un second navire fut créé.

Il partit du Yénisséï une barque allant chercher à «Tolstoï Noss» des marchandises, qui y avaient été déposées pour l'hiver, par Nordenskjöld. Or, comme toutes ces marchandises furent chargées sur un remorqueur à vapeur, cela me fournit à propos l'occasion d'acheter la dite barque au prix de 1300 roubles. Je la fis placer dans le passage étroit, où avait hiverné avant elle le «Sieviernoyé Sianié» et j'employai tous les moyens à disposition pour le transformer en un navire capable de battre la mer, puis toute notre activité fut appliquée à l'installation de son appareillage. Nous fûmes secondés dans ces travaux par les indigènes, qui vinrent pecher le poisson dans ces parages. En deux semaines le nouveau bâtiment se trouva complètement appareillé, et, après y avoir chargé le reste du graphite et les bois que nous avions pu sauver du «Siéviernoyé Sianié», nous mîmes à la voile pour Goltchikha le 31 Juillet, et nous quittâmes les îles Petites-Brékhauses. Malheureusement il nous fut impossible de charger sur notre petit Yacht baptisé du nom «Outrennaia Zaria», de magnifiques troncs d'arbres carrant au delà d'une surface de 1 sagène, d'autant plus, que dans une contrée déserte, sans grues ni engins, il nous était parfaitement impossible de soulever des poids énormes, même en réunissant toutes nos forces. Du reste les exemplaires que nous avons apportés ont excité l'étonnement de tout le monde par leurs dimensions et leurs qualités. Quant au poisson, que nous avions approvisionné au départ de notre expédition sur le «Siéviernoyé Sianié», rien absolument n'avait pu être sauvé: une partie en avait été entrainée par l'eau, qui innondait le navire, et l'autre mise en tonnes et transportée en automne sur l'éminence, où était installée la cabane, avait été emportée par la débacle.

Aussi, dès que nous abordâmes à Goltchikha le 3 Août, nous fîmes l'acquisition d'une provision de poisson chez les marchands de la localité. Le sel, étant excessivement cher là-bas, on en emploie le moins possible pour la salaison du poisson, ce qui eut pour conséquence, que mon approvisionnement ne tarda pas à prendre odeur désagréable. Les marchands de l'endroit, supposant, que notre navire se rendait par mer à St. Pétersbourg (ce qui n'était encore jamais arrivé), se perdrait en route, avaient faiblement salé le poisson. Ils ont en général l'habitude de saler leur marchandise pour la vendre à Yénisséïsk ou à Krasnoyarsk ou bien dans les contrées du haut Yénisséï, où les bateaux peuvent parvenir au commencement de Septembre, et naturellement, ils n'ont pas pensé, que leur marchandise resterait en tonneaux jusqu'à la fin de Novembre, puisque les eaux du fleuve Yénisséï commencent à se prendre déjà à la fin de Septembre. Le poisson, que j'ai salé moi-même, s'est parfaitement conservé. Il en est resté malheureusement fort peu, mais du moins assez pour échantillon. Tandis que je m'occupais à Goltchikha de la salaison du poisson, tout l'équipage du Yacht, de son côté, était occupé à satisfaire à une autre instruction de M. Sidoroff; ils passaient en revue les tombes de Juriaques, de Samoyèdes, d'Ostiaques et de Toungouses. On a l'habitude là-bas d'inhumer les morts en les enveloppant dans plusieurs *Zamchis* ou peaux de rennes tannées; or, bon nombre de tombeaux étaient vides, et il y a tout lieu de supposer, que ceux qui y reposaient avaient été dévorés par les loups et les renards blancs. Lorsque les ouvriers russes se saisirent d'un crâne, les indigènes, voyant celà, s'efforcèrent de le leur reprendre. Nous n'avons pu attraper qu'un seul crâne qui, au moment de la pêche s'est trouvé avec le poisson dans nos filets à la rivière Goltchikha. L'achat auprès des habitants de toutes sortes de bons dieux fut fait assez promptement, quoique, pour en faire l'acquisition, il fallût envoyer au loin dans les contrées marécageuses, moyennant des frais considérables. Ces bons dieux furent recueillis en diverses localités. Nous avons apporté encore bien d'autres objets intéressants, par exemple: Un calendrier Juriaque en ivoire de Mammouth, des lunettes conserves dont les indigènes se servent contre la reverbération de la neige, des habits, des peaux, des flèches, des patins, un herbier etc. etc. Tous ces objets seront mis en exposition et soumis à l'examen de la société. M. Sidoroff voulait mettre une collection de crânes à la disposition de l'université de Moscou pour la prochaine exposition anthropologique; malheureusement les indigènes par superstition religieuses, et les Russes par crainte des anciens des villages, des gardes et de diverses autorités locales, n'ont pas osé se livrer à des fouilles.

Après avoir passé 5 jours à Goltchikha, le 7 Août nous nous remîmes en route. Nous n'avions pas fait trente verstes, que nous rencontrâmes le vapeur de Brême «Frazer».

Le capitaine et son équipage ne purent assez s'étonner de notre témérité, de naviguer en plein océan glacial sur un bâtiment, chargé de 2000 pouds, ne tirant que 2$^1/_2$ pieds d'eau, à fond plat et sans quille. Notre chargement consistait en 1500 pouds de marchandises diverses, 500 pouds d'eau en tonneaux, et de bois. La longueur de notre yacht était de 56 pieds soit 8 sagènes, sa largeur de 14 pieds soit 2 sagènes, et la hauteur de sa câle de 5$^1/_2$ pieds soit 2$^1/_2$ archines. Le capitaine Dalmann commandant du vapeur «Frazer» chercha à nous effrayer en nous parlant des glaces et des tournants, et nous proposa même de rebrousser chemin sur son bateau à vapeur; mais excités que nous étions par maints exemples de l'audace des marins-pêcheurs russes, qui se lancèrent au Spitzberg et à la Nouvelle Zemble sur des bateaux plats, rien ne pouvait changer notre résolution de poursuivre notre route par la mer de Karsk, et je pense avoir bien prouvé, qu'aujourd'hui les marins russes ne craignent pas d'affronter l'océan glacial. Les neuf hommes de l'équipage commandé par Wigguins, du vapeur qui avait péri, refusèrent de nous accompagner jusqu'à Vardé, regardant cette entreprise comme par trop téméraire. Ayant pris congé du «Frazer» nous cinglâmes vers l'Ouest.

A notre départ de Goltchikha n'ayant pas pu trouver des russes ni d'indigènes disposés à se mettre en mer, surtout au moment des pêches, je fus forcé de me décider à prendre à mon service le matelot déporté Tziboulenko, que je pensais pouvoir remplacer facilement chez les Samoyèdes à la baie de Baïdaratsk. M. Sidoroff m'avait recommandé d'engager pour matelots des indigènes vagabonds, lesquels lors de son expédition à la baie de Tazov en 1863 et 1864 s'étaient montrés marins intrépides. Il voulait prouver, que cette classe d'indigènes est loin de mériter la vile position sociale qu'elle occupe actuellement. Il serait vraiment du devoir de notre Administration de prendre des mesures pour empêcher l'extinction de la race en question, attendu qu'il est impossible de s'en passer sur les rives de l'océan glacial. Ajoutons à cela, que ces indigènes avec leur esprit naturel se montrent souvent plus capables que les paysans de nos gouvernements du centre. Quoiqu'il en fût, j'engageai le matelot Tziboulenko seulement pour le trajet jusqu'à la baie de Baïdaratsk, d'où il pouvait facilement gagner Obdorsk, et depuis là remonter sur un bateau à vapeur quelconque l'Obi jusqu'au gouvernement de Yénisséïsk. Cependant le vent nous poussa vers le Nord, ainsi que cela est indiqué sur notre carte itinéraire, et nous nous trouvâmes peu après au milieu des blocs de glaces, qui nous entourèrent pendant plusieurs jours, et d'où ne sortîmes qu'avec la plus grande peine. Dieu seul veillait à notre salut. En entrant dans un groupe quelconque de glaçons, nous étions obligés d'observer avec la plus grande attention leur mouvement, afin de nous exquiver entr'eux. Si un seul de ces blocs en s'approchant d'un autre, nous avait barré le passage, c'en était fait du «Zaria» ; mais il était de notre destinée, que nous nous en tirerions sains et saufs. Il n'y eut d'avaries que l'étrave et le gouvernail; mais ces avaries ayant été promptement réparées, nous cinglâmes courageusement en avant à la rencontre d'énormes montagnes de glaces, atteignant quelquefois 3 sagènes de hauteur, cependant pour la plus part les glaces étaient d'une dimension médiocre.

Nous avions quitté Goltchikha le 9 août, comme nous l'avons déjà dit. En traversant le golfe, nous nous occupâmes tour à tour du sondage, dont les côtes sont soigneusement indiquées sur notre carte. Ces côtes ne s'accordent point avec celles que nous donne la carte de l'océan glacial, dressée par les auteurs russes de 1734 à 1870, et publiée par le département hydrographique du ministère de la marine. Cette carte nous a servi de guide, mais pour assurer la navigation dans ses explorations, il sera absolument nécessaire de dresser une nouvelle carte. Pendant les brouillards épais, qui vinrent nous envelopper, notre navigation se vit exposée à de nouvelles difficultés, puisqu'alors il n'y avait plus d'observations possibles. C'est pourquoi de Goltchikha à Mattessalé nous n'avons pu prendre note que de deux côtes, l'une à peu près sous le 72° latitude Nord, et l'autre sous le 72° — 40′. A notre sortie de Goltchikha sur tout le golfe du Yénisséï nous rencontrâmes une grande quantité de phoques et de dauphins, dont le nombre diminua de plus en plus dans la mer de Karsk.

Dans notre marche vers le cap Mattessalé, nous entrâmes sur des bancs de craie, indiqués sur notre carte, soit 2 sagènes, cependant nos sondages ne nous ont donné que 1 sagène et même 4 pieds seulement; il s'en suit, que si nous nous étions entièrement reposés sur les indications d'une seule carte sans verification de notre part, nous aurions infaillliblement échoué sur la craie. J'avais remarqué dés le début l'inexactitude de cette carte, et naturellement il y avait lieu d'opérer notre marche avec la plus grande prudence.

Depuis le cap Mattessalé nous prîmes une direction Sud-Ouest vers l'île Biéla, aux abords de laquelle nous nous arretâmes à la distance d'une demi-verste pour en faire une reconnaissance. Son étendue est à peu près celle de l'île de Kalgouyev, soit d'une surface d'environ 50 verstes carrées; quant à ses rives, elles dominent de 2 sagènes le niveau de la mer. Tandis que j'herborisais, nos pilotes s'avancèrent à une verste dans l'intérieur, où ils apperçurent une quantité de rennes et trouvèrent partout sur le sable et la glaise des traces de ces animaux. Le pavillon russe fut arboré, et à ses pieds nous plaçâmes une bouteille avec les noms de tous les hommes de l'équipage. Vis-à-vis du Golfe de l'Obi, parallèlement à l'île Biéla, nous avons pu trouver l'île indiqué sur la carte par Wigguins, mais à en juger par le point désigné par lui, nous avons dû passer à 5' minutes de cette île.

Du cap Mattessalé à l'île Biéla, il a été fait le 12 Août des observations sous le 73° — 24' lat. Nord, et 74° — 40' longitude de Greenwich. Dans la région ouest de l'île Biéla, il a été fait aussi des observations, le 13 Août sous le 73° — 22' lat. Nord et le 14 Août sous le 73° — 17' lat. Nord.

Le vent nous empêcha d'entrer dans la baie de Baïdaratsk, et de déposer à bord le matelot déporté Tziboulenko. C'est pourquoi il fut décidé de passer par un chemin plus court à travers Matotchkine-Char. Le 15 Août nous nous vîmes entourés de glaçons d'une médiocre hauteur, à travers lesquels nous passâmes sans encombres. Ce jour là il fut fait des observations sous le 73°—47' lat. Nord, en nous ténant toujours dans la direction de Matotchkine-Char; mais tout-à-coup, pendant un moment de brouillard, nous tombâmes au milieu de blocs de glaces d'une hauteur de 3 sagènes, qui nous forcèrent à rebrousser chemin. Nous fûmes maintes fois forcés de revenir sur nos pas, et d'errer de côtés et d'autres à la recherche d'une issue au milieu de ce labyrinthe mouvent, de manière qu'il ne nous fut pas possible de tenir compte de nos détours sur la carte. Le 16 Août, comme nous l'avons observé, nous étions en vue de Matotchkine-Char, dont les abords étaient si encombrés de glaces, que nous dûmes changer notre résolution d'y aborder. Nous dûmes donc nous diriger sur les Portes de Karsk, à travers les glaçons et au milieu de brouillards épais. Les 16 et 17 Août commença à souffler un fort vent du Nord. Le 17 suivant, notre

Yacht se trouvait sous le 71°—18' lat. Nord; ce jour là notre gouvernail fut brisé et l'étrave fut fortement endommagée.

Au moment de notre passage devant les Portes de Karsk, il s'éleva une violente tempête, qui menaça de jeter notre yacht sur les rochers d'une île. Les tournants provoqués par les courants des eaux de la mer de Karsk dans l'océan, les rochers des îles et les blocs de glace menaçants, tous les éléments étaient conjurés contre nous. La Providence nous sauva! — Une fois les portes de Karsk dépassées, nous ne rencontrâmes plus de glaces; le 18 Août, suivant nos observations, nous nous trouvions sous le 70° — 5' lat. Nord, à partir de quel jour s'éleva un vent contraire, qui nous força à louvoyer et le 19 Août notre Yacht atteignit le 69° — 50' lat. Nord; le 20 Août nous étions sous le 69° — 56' lat. Nord, puis sous le 54° - 2' long.; enfin le 21 Août sous le 69° — 43' lat. Nord, et 52° — 18' long. Le 21 Août au soir nous nous trouvions en face de l'île Kalgouyev, où la sonde mesura 8 sagènes de profondeur et où le vent contraire nous força à nous diriger du côté du Nord-Est Le 22 Août, autant que nous pûmes l'observer, notre Yacht était sous le 69° — 56' lat. Nord, et le 23 Août sous le 69° — 45' lat. Nord. Le vent, qui nous venait de flanc nous poussa promptement loin du méridien de l'île Kalgouyev et le 29 Août nous nous trouvâmes non loin de la presqu'île Ruïbatchy, vis-à-vis du cap Tzuïp-Navolok. Durant le trajet nous prîmes six côtes encore, et nous eûmes occasion de remarquer la présence d'un grand nombre de baleines. Plus loin en naviguant vers Tzïup-Navolok nous rencontrâmes les premiers pêcheurs russes, qui nous firent présent d'environ 15 pouds d'excellente morue, en échange de laquelle nous leur donnâmes des biscuits de Sibérie. Après la rencontre du capitaine Dalmann, qui nous avait fait cadeau de jambon et de café, pendant toute la traversée nous n'avions pas aperçu un seul bateau. Enfin le 31 Août le «Zaria» abordait à Vardé.

Quant à la relation du trajet de notre yacht de Vardé à St. Pétersbourg, c'est M. Sidoroff, qui a bien voulu s'en charger le 22 Novembre. Je demande pardon à l'assemblée, de n'avoir pas pu l'élaborer d'une manière plus détaillée, occupé que j'étais à divers travaux pressants.

P. Schwanenberg.

Observations météorologiques faites par le pilote Noummeline aux îles «Petites Brékhauses.»

Les observations ont été cotées avec le plus grand soin regulierèment trois fois par jour. Ici, nous ne pouvons guères faire mention que de certaines particularités pouvant interesser le public et donner au lecteur une legère idée du froid terrible, que nous avons dû endurer pendant tout un hiver anx îles «Petites Brékhauses» sous le 70° — 48′ lat. Nord. Ces observations ont commencé le 12 Septembre, lorsque le thermomètre marquait déjà — 4° Réaumur. Deux jours plus tard le dégel reprenait, et la temperature se maintint pendant quelques semaines entre + 2,5° et 4°, puis le temps se couvrit en amenant avec lui une neige mêlée de pluie.

Le 23 Septembre Noummeline s'établit avec ses compagnons dans leur nouveau quartier d'hiver, consistant en une maisonnette construite tant bien que mal avec le matériel, qu'on avait sous la main, mais auparavant on avait eu soin de rassembler le plus possible de bois de chauffage, tout humide qu'il était, ainsi que le matériel de flottage. A partir du 4 Octobre suivant les gelées augmentèrent alors sans interruption pendant plus d'une demi-année, de manière que le mercure ne remonta à Zéro que le 26 Avril pour la 1-re fois. Le 8 Octobre, le fleuve Yénisséi était si bien congelé, qu'on pouvait le traverser sur la glace sans le moindre danger.

Jusqu'à la fin de ce mois la temperature fut plus au moins douce, c. à dire, que les froids ne dépassèrent pas —15°; deux fois seulement le mercure descendit à — 18° et — 20°. Le mois de Novembre fut plus dur à supporter, car le thermomètre marqua constamment moins de — 23°; le 10 de ce mois, dès que le soleil se cacha définitivement à l'horizon, et que nous fûmes entrés dans la période des nuits polaires, le thermomètre marqua — 32° Réaumur et dans la soirée du même jour le mercure, descendu à — 37° R., se congela. Ces gelées de —30° à —32° persistèrent pendant une dixaine de jours, et ne se relâchèrent que le 20 Novembre suivant Cependant le mercure, remonté pour un instant à — 11,5°, retomba peu après à — 20° et à —27° R., puis après s'être relevé de temps en temps jusqu'à — 14°, le 13 Décembre il se congela et resta toute une semaine dans cet état. A la fin du mois de Décembre la temperature était de — 20°, puis elle s'abaissa à —30°, dans les premiers jours du mois de Janvier 1877, le mercure se congela de nouveau et resta congelé pendant quatre jours; alors les froids de l'Epiphanie devinrent mordants. Le 7 Janvier, le soleil se remontra de nouveau après nous avoir laissé dans une demi-obscurité pendant près de deux mois. Alors seulement les frimas accordèrent quelque répit à nos marins, mais pas pour longtemps, car le themomètre, qui marqua un moment —9°, se congela de nouveau le 14. Le 17, il y eut seulement — 6°, mais pendant toute la seconde moitié de Janvier les froids regagnèrent d'intensité et se maintinrent entre — 24° et — 32°. Il en fut de même pendant tout le courant du mois de Février, seulement avec quelques petites interruptions. Les 2 et 4 puis le 6 Mars pour la dernière fois, le mercure se congela. Après l'équinoxe enfin, les gelées semblèrent vouloir diminuer, mais encore une fois pas pour longtemps; car le 10 il y eut — 7°, et après le 16 suivant nous eûmes à supporter des froids de 30° R. Pendant tout le mois d'Avril, la temperature varia de — 6° à — 25°. Enfin le 26 suivant, le mercure remonta pour la premiere fois à Zéro. Le 3 Mai, le soleil vint réjouir l'horizon, mais cette circonstance n'empêcha pas un froid de 10 degrès le 5 Mai. C'est seulement depuis le 19 Mai, que la température prit un mouvement ascendant au-dessus de Zéro. Les dernières cotes, inscrites dans le journal du pilote Noummeline, sont du 14 Juillet, alors que le thermomètre marqua en plein midi + 11° Réaumur.

EXPÉDITION DES MARINS RUSSES SUR LE YACHT «OUTRENIAYA ZARIA» — «AURORE» — DE VARDEY A ST. PETERSBOURG.

(Relation de M. K. Sidoroff, lue dans la séance du Comité du 22 Novembre 1877.)

Aujourd'hui, il se trouve au milieu de nous des marins russes audacieux et dignes représentants de la flotte marchande russe: le capitaine Schvanenberg, commandant du Yacht «Zaria», deux pilotes, Noummeline et Meyvaldt, puis un matelot du nom de Kouzik. Tout l'équipage du dit Yacht était composé de cinq hommes.

A peine le Yacht «Zaria», arrivant de la pleine mer par un fort vent, avait-il mis en panne à Kronstadt, qu'un officier de la localité se montrait à bord: Le capitaine crut un instant, que cet officier venait féliciter le bâtement d'avoir fait sans encombres un trajet de 11000 verstes depuis la ville Yénisséïsk à Kronstadt; mais il fut de suite détrompé; car l'officier annonça, qu'il était envoyé pour procéder à l'arrestation d'un des deux matelots, André Tziboulenko, condamné à la déportation en Sibérie. Le commandant Schvanenberg fit immédiatement venir Tziboulenko, qui fut écroué à Kronstadt; mais pensant avec inquiétude, que peut-être l'arrestation du matelot Tziboulenko pourrait compromettre l'expédition, comme ayant transporté des déportés, il se rendit de suite à St. Pétersbourg, mais, à la réception pleine de cordialité, que lui fit le directeur du département des douanes à St. Pétersbourg; M-r N. A. Katchaloff, il se tranquillisa en voyant que les autorités appréciaient ses traveaux. Le capitaine Schvanenberg se sentit encore plus encouragé, lorsqu'il fut avisé, que l'adjoint du ministre de l'intérieur, M-r L. S. Makoff, avait obtenu de S. E. le ministre de l'intérieur la mise en liberté du matelot Tziboulenko, cela sur garantie de ma part. L'exécution de cette mise en liberté sur garantie eut lieu justement au moment, où le matelot Tziboulenko était sur le point de revetir l'habit du forçat. Grâce à M-r Makoff, nous aurions pu voir ce hardi matelot au milieu de nous, si, après sa mise en liberté, il n'avait pas été aujourd'hui de nouveau arrêté sur l'instance de la police correctionnelle. Le capitaine Schvanenberg, dans un besoin pressant de matelots pour le service de l'expédition depuis la Sibérie Orientale, par l'embouchure du fleuve Yénisséisk jusqu'à notre métropole, en 1876 et au commencement de 1877, fit par l'intermédiaire de notre section et par les journaux un appel général à tous les matelots de marine militaire et marchande des ports maritimes de la Russie, comme vous le savez, Messieurs. Avec la coopération de notre société, il ne put trouver qu'un matelot de l'île Dago, le Finois Kouzik. Or, comme il lui était parfaitement impossible de naviguer avec un matelot depuis l'embouchure du fleuve Yénisséï à travers l'Océan glacial, le capitaine Schvanenberg proposa à Tziboulenko de le conduire par la mer de Karsk jusqu'à la baie de Baïdaratsk, espérant pouvoir le remplacer là par quelque Samoyède du Gouvernement de Tobolsk, attendu qu'en été les Samoyèdes se livrent à la pêche dans cette région. Depuis cet endroit la navigation devait offrir moins de danger; en même temps il pensait à me procurer le plaisir de naviguer sur la Néva avec des matelots Samoyèdes, comme preuve authentique de l'expédition du Yénisséï. — Sur ces entrefaites il s'éleva des vents contraires et de violentes tempêtes, qui empêchèrent le navire d'entrer dans la baie de Baidaratsk, et qui le poussèrent vers le Nord; en outre le batiment rencontra les glaces polaires et faillit se perdre aux Portes de Karsk. Dès lors, il devenait impossible de rebrousser chemin vers la baie de Baïdaratsk; les blocs de glace, les écueils, les vents impétueux semblaient réserver à l'équipage une mort inévitable. C'est en ce moment que le capitaine Schvanenberg apprit de Tziboulenko, que celui n'appartenait pas aux grands criminels, et avait été déporté pour avoir offensé ses supérieurs, dans un moment où il remplissait les fonctions, d'écrivain militaire à Saratov, avec défense de se montrer dans les gouvernements de la Russie d'Europe. Considérant l'urgence des services de Tziboulenko, et en présence de l'impossibilité de le remplacer par quelqu'un d'autre, le capitaine fut forcé de le garder d'autant plus que la présence de Tziboulenko allait devenir indispensable pendant le trajet à travers l'océan glacial. Tziboulenko, par son courage et sa bonne conduite, s'était acquis la pleine satisfaction du capitaine. C'est ainsi que le «Zaria» parvint sain et sauf à Pétersbourg le 19 Novembre. Aussitôt que le »Zaria» toucha au premier port Norvégien Vardey, et que le «Vapeur Louïza» mit au large pour l'embouchure de l'Obi et la ville de Tobolsk, Sa Majesté l'Empereur daigna par télégramme et l'entremise du Ministre de la Cour, féliciter le président représentant de la Société le comte Komarovsky, pour la reussite de l'entreprise et de l'ouverture d'une nouvelle route de navigation de Sibérie en Europe pour la commerce maritime russe.

Au sujet de l'expédition du «Zaria», depuis les îles «Petites Brékhauses» au Yénisséï, c'est le capitaine Schvanenberg, qui en fera lui-même un rapport circonstancié à notre section. Des occupations présentes et le résumé de ses travaux ne lui ont pas permis d'en terminer la rédaction. Pour le moment je ne puis parler que de l'expédition du «Zaria» depuis Vardey à Pétersbourg, et de l'expédition lointaine du premier navire russe, ayant fait le trajet depuis le Yénisséï par la mer de Karsk et l'océan boréal.

Dans toutes les villes de Norvège et de Suéde, où le «Zaria» a abordé sur son passage, nos marins ont été accueillis avec un respect particulier; leur audace et l'énergie de leur capitaine, qui font le plus grand honneur à notre nation, ont été admirés. Ainsi à l'arrivée du «Zaria», le 30 Août au port de Vardey les consuls ainsi que les officiers de la forteresse, se rendirent sur le rivage au-devant de l'expédition le bocal en mains. Durant le séjour du «Zaria» dans cette ville, l'équipage se vit l'objet des ovations de plusieurs personnages importants. A Tromsey nos marins ne s'arrêtèrent, que pour y passer la nuit. C'est en cette ville, que le 22 Septembre, il rencontrèrent le fameux navigateur norvégien, capitaine Karleson, qui a fait le tour de notre Nouvelle Zemble. Le capitaine Karleson leur apprit, qu'il était chargé par la Hollande de retourner l'été suivant à la Nouvelle Zemble pour y transporter et y inaugurer un monument au célèbre marin Barens. A Christianzounde, où il ne passèrent qu'une demi-journée, ils furent accueillis de la manière la plus affable par le consul russe. Ici ils firent de nouveau la rencontre du vapeur brémois «Frazer» qu'ils avaient quitté au golfe du fleuve Yénisséï. Le capitaine du dit vapeur Dalmann s'était rendu du Golfe du Yénisséï sur un canot à vapeur au lieu, où s'était échouée le «Siéviernoyé Sianié» — «Aurore boréale»; et il remit à nos marins quelques documents, qu'il avait trouvés sur un matelot mort du scorbut. — Dalmann informa Schvanenberg, qu'au Yénisséï à Yakovlevka, il avait déposé une pompe pour les recherches, et 100 sacs de tabac; quant au sucre et au café, tout avait renvoyé. Il avait attendu la marchandise de Sibérie pendant 23 jours, et ne pouvant plus attendre, il s'était mis en route pour le retour. A Berguen ils passèrent une journée, et y furent reçus on ne peut plus cordialement par le consul russe et les habitants. A Christiania, capitale de la Norvège, il durent séjourner du 17 au 28 Octobre, c. à d. 11 jours. C'est dans cette ville, qu'ils furent accueillis par le consul général russe Mr. Tétermann, le Directeur des ports du gouvernement, Mr. Rolle, le commandant du port, le club de la marine et les consuls de toutes les nations. Nos marins ne purent assez se louer de la courtoisie avec laquelle ils furent traités à Christiania, diners, soirées, concerts, théâtres etc., tout ce qu'on peut inventer leur fut proposé; le consul général invita même à diner tous ces messieurs les ministres, auxquels il se fit un devoir de présenter le capitaine Schvanenberg. Durant le festin divers discours furent prononcés, et un toast fut porté à la santé du capitaine. M. Rolle donna aussi son diner, qui fut suivi de trois autres diners chez les consuls anglais, allemand et français. Lorsque le «Zaria» quitta Christiania, il fut tiré du fort un salut de quatre coups de canon, et le pavillon national fut arboré. A Gottenbourg nos marins s'arrêtèrent 3 jours à partir du 3 Novembre; et ils firent ici la connaissance du docteur Edline, rédacteur d'un journal et membre de diverses sociétés scientifiques. Ce soir là, on fit dans le bâtiment de la bourse les préparatifs d'un grand banquet. Depuis Gottenbourg, il naviguèrent par le fameux canal de Gottenbourg jusqu'à Stockholm, et ils firent 700 verstes en 5 jours, après avoir traversé 75 barrages. A Stockholm, où ils arrivèrent le 11 Novembre, ils passèrent une journée et demie, et y furent salués avec les plus grands honneurs par le capitaine Vénerberg, commandant du vapeur «Constantin» appartenant à la compagnie Finlandaise, et faisant le service entre Stockholm et St. Pétersbourg. Il fut le tout premier, qui, dans la capitale Suédoise, éleva son bocal en l'honneur des navigateurs russes, au cri «Hourrah!» de la part du public, qui fit en même temps voler en l'air les casquettes et les chapeaux. Puis vint le tour du consul-général et celui de l'Ambassadeur. Le jour suivant arriva de Paris, exprès pour la circonstance à Stockholm le professeur Nordenskjold, le premier Européen qui ait fait acte de présence par mer à l'embouchure du fleuve Yénisséï. Le professeur Nordenskjold fit immédiatement, accompagné de son épouse, une visite au «Zaria» et le soir il se fit un plaisir d'emmener nos marins à l'académie des sciences, où s'était rendu aussi monsieur le ministre des finances. Alors le capitaine Schvanenberg fit à l'assemblée une exposition de tous les échantillons de flore, qu'il avait recueillis à l'île Biéla, et des idoles achetées aux Samoyèdes; en quittant l'assemblée Mr. Nordenskjold mena nos marins au théâtre, puis leur offrit à souper, après quoi ce fut le capitaine Vénerberg, qui les patrona. Cette même nuit il se mirent en route remorqués par un vapeur par la mer Baltique jusqu'à Abo, où ils s'arrêtèrent pendant quelques heures. A Helzingfors on séjourna deux jours. A peine le «Zaria» fut-il en vue du port, qu'une foule de peuple se rassembla sur la plage, aux cris de «Hourrah».—Le directeur de l'école de navigation Mr. Krogius, et frère de Mr. Nordenskjold, l'explorateur du fleuve Yénisséï, docteur Zaleberg, les accueillirent avec des paroles d'enthousiasme. Messieurs les sénateurs honorèrent aussi de leur visite notre Yacht. Le Gouverneur-Général de la Finlande, le comte N. V. Adlerberg, daigna de même témoigner à nos marins sa gracieuse sympathie. Le directeur de l'école de navigation voulut aussi leur donner une soirée, et le jour suivant, son exemple fut imité par le négociant de cette localité Sjëblom. Le directeur en chef des bateaux pyroscaphes finlandais A. V. Nyström, eut l'attention de proposer au capitaine Schvanenberg le vapeur-remorqueur «Constantin», qui sous le commandement du capitaine Vénerberg remorqua le «Zaria» en une journée depuis Helzingfors jusqu'à St. Pétersbourg. Lorsque le «Zaria» jeta l'ancre à Vassili-Ostrov tout près du bâtiment des douanes, il y avait juste 100 jours, qu'il avait quitté l'embouchure du fleuve Yénisséï.

Il serait difficile d'exprimer en termes suffisants le respect, dont nos marins ont été l'objet en Norvège, en Suéde et en Finlande, où le peuple est à même de comprendre l'importance d'une flotte marchande; même les dames se sont montrées assidues à visiter le Yacht «Zaria».—Dans les assemblées le capitaine Schvanenberg a été comblé de leurs photographies, de bouquets, et même de poésies, chantant en termes sympatiques l'épopée de son trajet hardi lorsqu'il doubla le Cap-Nord. Il faut savoir, qu'à la même époque, un vapeur de la Couronne parti de Vardey, fut obligé de rebrousser chemin plusieurs fois, et dut mettre 7 jours pour accomplir une traversée, que l'on fait en général en un jour et demi.

A Christiania, à Gottenbourg et à Stockholm, la police dut prendre formellement certaines mesures, tant s'était grossie la foule des dames, demandant à visiter le «Zaria» et désirant féliciter le capitaine.

A peine celui-ci avait-il mis pied à terre dans notre métropole, que plusieurs télégrammes de félicitations arrivèrent de Sibérie, de Moscou, de Suède, et dans le nombre, il s'en trouvait un du professeur Nordenskjold.

Maintenant passons à la collection d'échantillons et d'articles de commerce apportée sur le «Zaria». La tâche de ce navire était d'amener par voie de mer en genre de produits, qui ne peuvent être transportés par une autre voie. Ainsi son chargement entr'autres consistait en types d'arbres importants pour la construction des vaisseaux: des mélèzes, des cèdres, des sapins et des pins; il y en avait 300 poudes à bord du Yacht, puis 400 poudes de fin graphyte utile à la fabrication des creusets, et 400 poudes de toutes sortes de poissons indigènes des régions septentrionales, fournissant une excellente nourriture.

En outre, grâce à l'expédition du »Zaria» nous sommes aujourd'hui en possession de différents articles de commerce se rapportant à la situation ethnographique du nord de la Sibérie. La minime partie du chargement, qui formait le lest du bâtiment, consiste en victuailles et en taquelage du Clipper perdu «Siéviernoyé Sianie». Il faut citer ici comme particulièrement dignes d'attention les chiens, qui sont devenus les hôtes du Yacht, et qui là bas dans les régions de Touroukhan remplacent les chevaux, Ces chiens sont en état de remorquer contre le courant le «Zaria» lui-même; et dans les contrées polaires, ils rendent aux navigateurs les plus grands services, puisque pour la pêche, ils peuvent parfaitement être substitués aux hommes.

Et voilà, messieurs, ce que nous étions impatients de soumettre à votre bienveillant intérêt, c. à dire les importants services rendus à nous autres Russes par l'équipage du «Zaria», et en particulier la valeur de ceux rendus à l'expédition par le matelot Tziboulenko pendant toute la traversée. En conséquence, messieurs, en vue de récompenser les services du matelot Tziboulenko, n'y aurait-il pas moyen de proposer à Son Excellence le Ministre de l'Intérieur d'intercéder auprès de Sa Majesté l'Empereur en faveur de la remise en liberté du matelot Tziboulenko?—Ensuite, ne se fera-t-elle pas un devoir de temoigner sa part de reconnaissance 1) d'abord au capitaine du Vapeur «Constantin» présent parmi nous M-r. Charles Venerberg, qui a remorqué le «Zaria» depuis Stockholm par la Neva, et qui nous a procuré la satisfaction de voir notre Yacht dans la métropole encore avant la fermeture de la navigation; sans oublier Mr. Nyström, directeur de la compagnie à laquelle appartient le «Constantin». 2) Puis au commandant en chef des ports Norvégiens Mr. Olaphe Rolle, pour les services gratuites rendus par lui au «Zaria» en le faisant remorquer par les bateaux à vapeur de la Couronne. 3) Puis au Consul-Général de Christiania, Mr. Pétermann, et par son intermédiaire à tout ces messieurs, qui ont bien voulu témoigner tant d'intérêt à nos navigateurs. 4) Enfin, à l'ancien Consul-Général Russe en Norvège, aujourd'hui sénateur à Helzingfors, Mr. Mékhéline, qui déjà en 1860 m'a secondé dans mon entreprise de réveiller parmi les Norvégiens l'envie d'explorer la mer de Kars, quand nous n'avions pas encore d'amateurs chez nous, et qui a été un des instigateurs, dont l'activité a hâté la découverte d'une route navigable au fleuve Yénisséï.

Les propositions de M. Sidoroff ont été adoptées avec le plus grand empressement et envoyées par la Société à tous les personnages influents disposés en leur faveur; quant à Mr. Rolle, il a été remercié d'une manière particulière, par Sa Majesté l'Empereur. Le matelot Tziboulenko a été enfin gracié et jouit actuellement de ses droits de bourgeois à St. Pétersbourg.

Exposition.

Les produits, destinés à l'Exposition universelle de 1878 à Paris, et amenés ici sur le Yacht «Zaria», consistent en échantillons de bois de mélèze et cèdre, solives, troncs avec leurs racines et planches; poix et schistes combustibles; graphite et mastics pour essieux, équipages, vagons, et engins de chemins de fer, dont l'emploi exige des compositions de substances résineuses. Nous avons encore en destination de l'exposition plusieurs photographies de forêts sur pied, de bûcherons avec leurs demeures; enfin quatre vues photographiées du Yacht lui-même «Zaria» avec son équipage, et la carte marine de l'itinéraire suivi par le «Zaria» de Yénisséï à St. Pétersbourg.

Description des propriétés du mélèze, du cèdre, du graphite, de la résine minérale, et des schistes combustibles:

1) Mélèze.

2) Graphite.

3) Résine minérale.

1 Le bois de Mélèze.

(*Tinus Larix, Laria Sibirica, Laria Europea, gemeiner Lerchenbaum, Larchewood, Mélèze*).

Patrie du mélèze en Russie et en Europe.

En Russie les forêts de mélèzes occupent principalement les systèmes riverains des fleuves Yénisséi, Ob, et Petchora; puis aussi, mais en moins grandes-masses, des bassins des rivières Mézene, Dvina septentionale et Kama. Il fut un temps, où on les rencontrait dans les régions du fleuve Volga et en plusieurs provinces de l'Ouest.

En Europe, le mélèze croît à l'état sauvage actuellement, seulement en Ecosse et dans les alpes Autrichiennes autrefois on le trouvait aussi en Allemagne et dans d'autres Etats.

Caractère et emploi du bois de mélèze.

Le mélèze est un des arbres, que l'on emploie avec avantage comme bois de construction; son tissu cellulaire contenant fort peu de particules d'eau, il perd aussi en séchant très-peu de son volume. En dureté et en force de résistance il ne cède en rien au chêne, au hêtre, à l'orme, à l'érable et à d'autres especes, appartenant au groupe des bois durs; il les surpasse en outre en tenacité et en élasticité. Le bois de mélèze se prête aux travaux les plus fins tout en étant susceptible d'une belle politure. L'abondance de résine et la qualité de cette dernière préservent le mélèze de l'attaque des vers, le qualités suscritent, le font plus imperméable que les autres espècès de bois, ce qui augmente son importance pour les constructions hydrauliques.

On emploie le bois de mélèze:

Dans la construction des navires: pour carcasses en charpente, mâtures, ponts, barots, pièces-de-joint pour la couverture et le revêtement des navires pour plateformes sous les canons, et en général pour toutes les parties d'un bâtiment, où on exige de la dureté, de la densité et de la force de résistance.

Dans les installations hydrauliques: pour pilotage, réservoirs en charpentes, pour revètements extérieurs, pour bâtisses de ponts, et en général pour toutes les pièces de construction, ou la qualité hydraulique du mélèze offre en comparaison avec d'autres espèces de bois une stabilité immence.

Dans l'art militaire: pour la construction de forteresses, pour blindages, plateformes, plans inclinés, palissades, etc. En outre le bois de mélèze peut être employé avec un grand avantage: pour les embrasures et les planches en pente, usées dans la construction des contremines des forteresses, puis pour des cadres et le planchéage des pontons.

En général dans l'économie domestique: pour bâtisses,

tant extérieures qu'intérieures, pour chassis de fenêtres (ex: à St. Pétersbourg, ceux du palais d'hiver de Sa Majesté l'Empereur), pour table d'harmonie, pour instruments de musique. En Hollande, — pour ailes de moulins-à-vent. En Suisse — pour lattes de toits (damettes). Le bois de mélèze s'emploie avec un avantage tout particulier comme traverses sous les rails de chemin de fer, attendu qu'il ne souffre pas de l'oxydation de fer non plus que de la pourriture. C'est du bois de mélèze que l'on retire la thérébentine Vénitienne. L'écorce en est employée comme substance tannine dans les tanneries. En apisciculture on l'emploie pour les ruches.

Jusqu'en 1858 la Russie ne permettait pas le commerce de mélèze pour l'usage privé (T. VIII. Code des forêts), parce que cet bois était employé jusqu'à cette époque pour la construction des navires de la Couronne; l'importance du mélèze ayant été observée à diverses époques, il fut avisé par divers oukazes, en particulier en 1798 celui du 23 Avril, qu'il était défendu d'abattre des mélèzes. D'où l'on voit, que le bois de mélèze était aprécié comme matériel important pour la construction pour des bâtiments de navigation. Dès que le fer se substitua à bois, il est clair, que l'on fit beaucoup moins cas du mélèze. C'est aussi à cause de ça qu'en 1860 l'Administration se décida à vendre ses forêts de mélèze à des particuliers, et même à les exporter à l'étranger. Pour prouver, que le mélèze occupait la première place parmi les autres arbres employés par la marine militaire russe, on peut citer le fait, que, conformément aux mesures dictées par Pierre le Grand, au port Arkhangelsk, jusqu'en 1862, il a été construit dans le port Solombolsk seulement près de 500 vaisseaux de guerre de diverses dénominations. Tous ces navires demontrerot positivement aprés, pendant leurs récouverture et leurs raccomodations dans diverses ports de la Russie, que le bois de méléze, de tous les autres bois sans en excepter le meilleur chéne, est le seul, qui ne perde pas sa solidité.

Le mélèze est bien connu en Europe. Tout le monde sait, que des constructions faites de son bois peuvent résister pendant 600 ans, et qu'en Suisse il y a beaucoup de maisons bâties en mélèze, qui ont déjà plus de 320 ans d'existence.

Après avoir exprimé notre opinion sur l'importance générale du bois de mélèze parmi les autres espèces de bois, nous allons parler plus en détail du mélèze particulier au système de fleuve Petchora, et qui croit sous le même degré de latitude, que celui du Yénisséï.

Dans les Etats Européens jusqu'en 1861, le mélèze russe n'était pas du tout connu, et ce n'est qu'en cette année et pour la première fois, qu'il en a été expédié à Londres. En 1862, à l'exposition universelle de Londres, les échantillons du mélèze de la Petchora ont reçu une des premières primes *).

*) Lettre du président de la société (section russe à Londres, 2-me Exposition universelle) de S. Exellence E. A. Péterson, au membre de la Société forestière de la Petchora B. N. Latkine.—Mr Péterson écrit de Londres en date du 21 Mars (2 Avril) 1862, ce qui suit: Monsieur, hier ayant passé en revue les docks avec M-r Morgan, nous avons examiné le peu qui reste, qui n'a pas été vendu, du mélèze de la Petchora, et nous avons choisi pour l'Exposition deux billots de première qualité; l'un sera taillé en forme de cylindre, et l'autre aura la forme d'une poutre équarrie; toutes les deux se-

L'Angleterre employa la première le mélèze de la Petchora en 1862 à Woolwitsh pour la construction du navire cuirassé. «Caledonia». L'Ecosse remarqua la première, l'importance de ce mélèze comme traverses de chemins de fer; sans parler de sa densité supérieure à celles de mélèzes de la localité, on n'a qu'à citer le fait, que les traverses en mélèze de la Petchora se conservent intactes sous les rails depuis 17 ans, entre Edimbourg, Dundy, Perth et Inverness. C'est pourquoi on les a introduites sur la cote occidentale de l'Angleterre entre Karlile, Wighthaven, et d'autres villes encore. Les traverses de pins sont en général pourries au bout

---

rout sans le moindre aubier; jusqu'à une légère couche, ils ont la dureté de l'ivoire. Les bois de mélèze de la Petchora, vendus à notre Amirauté, ent été sciés en planches de 4 et 6 pouces, pour ponts de navires, chaloupes canonières, et vaisseaux armés de gros calibres. Ce premier essai qu'on en a fait, en démontre pleinement tous les avantages importants, et son application à d'autres genr s de constructions. Si l'on compare le mélèze de la Petchora avec les diverses espèces de mélèzes de l'Amérique du Nord, que l'on amène quelquefois ici, on lui doncera toujours la préférence. Les mélèzesAméricains passent ici sous les noms de Tamarac et Nackmatoe; ils sont plus tendres, plus petits et ils perdent moins promptement leur humidité. Jusqu'à présent on n'en a jamais amené sur commandes, mais seulement par commission, le plus souvent comme complément aux chargements d'autres bois connus et depuis longtemps employés. C'est dommage qu'on ne nous ait pas envoyér des bois de cèdre de la Petchora, qui par sa finesse sa légèreté et la blancheur est supérieur au sapin. Il est singulier, que l'on emploie les bois de petites futaies, dans l'interieur des constructions pour les parquets et les cloisons. On emploie davantage ici le pin et les prix des planches des sapins sont plus élevés que ceux des planches de pins. Ce fait m'a été communiqué par des constructeurs et des architectes du palais de l'exposition. Le haut prix dépend uniquement de l'absence des branches, mais un pareil bois de bonn futaie se rencontre seulement dans les taillis les plus touffus. En France, le marché des bois de mélèze a peu d'importance, et les prix ne s'en rétabliront, que lorsque cette espèce de bois sera appréciée à sa juste valeur.

de 4 ans et demandent à être remplacées. Suivant l'avis de notre gens technique, le mélèze de la Petchora peut être en plusieurs cas substitué avec avantage au précieux tyck américain, qui n'est pas à l'abri des vers, et qui s'oxydant au contact des boulons de fer, entraîne une diminution de forces des parties résistantes, tandis que rien de pareil n'a lieu avec le mélèze de la Petchora, qui, riche en matières résineuses, peut résister à tout.

L'inspecteur des bois de construction pour la marine à Kronstadt, le Général I. A. Amossoff, dans son rapport à son Administration sur le mélèze, le chêne et le tyck, signale la supériorité du mélèze de la Petchora sur les arbres étrangers, achetés à grand prix. Dans le journal «Sodiéistvié» («Coopérateur») au commerce et à l'industrie Russes «année 1868 No. 4» on trouve imprimé par lui ce qui suit: «Les vaisseaux de guerre, les frégates et divers autres navires, à voiles, et à hélices, ont été construits au port d'Arkhanguelsk principalement en bois de mélèze, et seulement un petit nombre en chêne, qui a été employé pour les parties les plus importantes et pour les courbures ou le mélèze n'a put être employé à cause de sa rectitude. Les vaisseaux et frégates construits à Arkhanguelsk en bois de mélèze, ont servi jusqu'à leur premier raccomodement pendant 13 à 22 ans. Pendant le raccomodement et la demonture de ses navires il à été demontré, que le mélèze s'était constamment mieux conservé que le chêne, dont le bois contient de l'acide tannique nuisible aux boulons, qu'il oxyde fortement.»

Jusqu'à présent dans la construction des navires cuirassés, on a l'habitude d'employer sous les parties cuirassées, un revêtement de tyck qui ne tarde pas à pourrir et à être attaqué par les vers des genres «himefilon» et «Cossus hynipedra» qui rongent l'intérieur de l'arbre. Cette circonstance importante a attiré l'attention en Angleterre, à l'occasion de la putréfaction prématurée de la coque de la batterie cuirassée «Fruites», remarquée lors de l'inspection passée en 1859.—Cette batterié, mise à l'eau en 1855 était tellement rongée de pourriture dans toutes ses parties qu'elle fut jugée impropre à la navigation». L'une des causes de putréfaction était le revêtement en tyck sous le blindage, ce revêtement était radicalement rongé et dévoré par les vers himefilon et cossus hynipedra. Notre mélèze du Nord nous fournit un excellent materiel pour les revêtements intérieurs sous les blindages; il est plus léger que le tyck, ne donne pas prise à l'attaque des vers, vu sa nature résineuse, ne se putréfie pas et en général lui est en tout supérieur; sous l'influence du contact de l'air et particulièrement dans l'eau il acquiert la dureté de la pierre. Chez nous en Russie, le mélèze est appelé à remplacer définitivement le tyck employé jusqu'ici pour les revêtements sous les blindages, et dont la consommation entraîne à étranger des capitaux considérables. La question des avantages, particuliers au mélèze de la Petchora, est incontestable, si l'on résume avec attention toutes les qualités que possède le bois de cet arbre; l'amirauté Anglaise a hautement apprécié ces qualités, puisque le mélèze de la Petchora a été employé pour la construction de la frégate cuirassée

«Caledonia». — Il y a déjà plus de 100 ans que l'on connait ce mélèze sur nos chantiers de marine, et les services importants, qu'il rend, ne peuvent être mieux confirmés que par fait authentique, qu'en 1857 à la révision du vaisseau «Russie» mis à l'eau 17 ans auparavant, toutes les parties en bois de mélèze furent trouvées parfaitement intactes, tandis que les pièces en bois de chêne étaient atteintes de pourriture; le mélèze acquit même une telle valeur pour la flotte, que par la loi, il fut défendu d'en exporter à l'étranger.

Il est donc tout naturel, que les amirautés anglaise et française, ignorant l'importance de notre bois de mélèze, aient eu recours au bois de tyck des Indes Orientales, au bois rouge de Honduras et à d'autres espèces américanes. Dans notre amirauté russe il a régné aussi pendant quelque temps un engouement en faveur des qualités du tyck, et du bois de Honduras. Mais ce dernier fût exclus encore en 1862 du nombre des bois de construction de la marine; pour ce qui concerne le tyck, qui fait encore partie de notre matériel de construction, la renommée de sa supériorité sur le mélèze est bien tombée; et il n'y a pas de doute, que cette sorte de chêne, originaire des Indes Orientales, dont l'acquisition se paie au poids de l'or et en présence des avantages toujours plus reconnus du mélèze russe, ne soit bientôt mis de côté, si ce n'est pas tout-à-fait, mais dans une grande partie, au moins. Un des personnages les plus compétens en matière de construction des navires, l'Ingénieur colonel Mr. Okounieff, s'est declaré complétement en faveur de notre mélèze comme supérieur au tyck pour les revêtements ou sous-blindages. Le savant sylviculteur, Mr. Chelgounoff, exprime aussi l'opinion, que le mélèze surpasse en qualité le chêne, sous maints rapports. Il affirme, que les vers ne peuvent le gangrener comme le chêne, et qu'après un séjour prolongé de plusieurs années dans l'eau, son bois acquiert la dureté du fer. En 1868, il fut procédé à Kronstadt en Avril, à la révision de la frégate «Groziachtcha», construite en 1846 avec des bois de méléze, de chêne et de tyck. Le mélèze n'était en aucune façon détérioré, tandis que le chêne et le tyck étaient pourris

C'est en bois de mélèze de la Petchora, que la Compagnie de la navigation de ce nom a construit ses goëlettes et ses Yachts. En 1867, le navire «Lomonossoff», propriété de Mr. Sidoroff, fut le premier, qui amena de la Petchora à Kronstadt un chargement de bois de mélèze cubant environ 10,000 pieds, et c'est alors seulement que pour la première fois se sont établies des relations maritimes entre les rivières Petchora et Néva.

Après la réception au port de Kronstadt du premier chargement de bois de mélèze examiné par les experts des trois ports: Revel, St. Pétersbourg et Cronstadt, la chancellerie du port de St. Pétersbourg informa Mr. Sidoroff, en date du 28 Mars 1869 sons le No 2140, que le Conseil de l'Amirauté sanctionnait pleinement l'entreprise de l'industrie forestière de la Petchora, attendu qu'elle fournissait la possibilité d'approvisionner pour la flotte une excellente qualité de bois de mélèze, et de le substituer au tyck importé de l'étranger.—

La chancellerie du port de Kronstadt en date du 9 Mars 1870, No 2925, par rapport à la même question, informa aussi Mr. Sidoroff, que le conseil d'Amirauté avait trouvé les bois reçus d'une qualité parfaite et indispensable aux besoins du port de Cronstadt pour l'exécution des travaux de construction et de raccomédation de nos navires de bois.

En 1870 à l'exposition industrielle russe, Mr. Sidoroff, ayant exposé les bois de mélèze de la Petchora, reçut un des premiers prix. La société économique Impériale le récompensa d'une médaille d'or pour la propagation de l'emploi du mélèze.

En 1871 notre mélèze a été employé à la construction du Yacht à vapeur «Dierjava» destiné spécialement au service de l'Empereur. Depuis l'an 1867 jusqu'en 1878 il a été fourni et expédié, de la Petchora à Cronstadt par l'entremise de Mr. Sidoroff, un approvisionnement de bois de mélèze, pour 100 navires, 700,000 (sept-cent-mille) pieds cubiques.

Le mélèze de la Petchora est remarquable par sa solidité extraordinaire, fait, à l'appui duquel on peut citer nombres d'exemples: Ainsi dans le gouvernement de Varsovie au district de Poulsk, dans le village Obruïte, propriété du Prince Gortchakoff, il existait encore en 1849 une église en mélèze bâtie en 1248. Elle a donc résisté ainsi à quatre siècles avant d'avoir enfin dû succomber à la loi du temps. (Gazette quotidienne de Varsovie, année 1849 N° 1297).

La nature résineuse du mélèze est l'agent, qui fournit à son bois la propriété de s'en durcir avec le temps, ainsi qu'il est facile de s'en convaincre en Suisse, où l'on rencontre des constructions en mélèze existantes depuis 240 ans. (Malherbes. Observations sur les Pins etc). Le forestier supérieur, le baron de Drey, dit, qu'en Tyrol il a vu aussi une maison en mélèze parfaitement conservée, à laquelle on donne un âge très-probable de 321 ans. Il n'y a donc aucun doute, que le bois de mélèze ne s'aproprie tout particulièrement aux bâtisses exposées à l'air; aussi bien qu'il est le meilleur matériel de construction dans l'eau, puisqu'il durcit dans ce liquide. Dans les contrées montagneuses du midi de l'Europe, c'est un fait bien connu. A Venise le pilotage, qui consiste en pieux de mélèze, et sur lequel repose la partie aquatique de la ville, a pris la consistance de la pierre.

Dans le «Rheinisch-westphälischer Anzeiger» année 1827 No 28, un certain von B., Suisse de naissance, dit, que suivant ses propres expériences, il ne faut pas plus de 40 ans, pour rendre le mélèze tellement dur, que ni la hâche ni même la scie ne pouvent plus l'entamer.

Tout ce que nous venons de dire, se rapporte aussi au mélèze Sibérien; cela ressort de ce que nous trouvons dans la *Flore de Sibérie* de Guméline. Celui-ci fait observer entr'autres, qu'il est bon de débarrasser l'arbre non pas seulement de l'écorce, mais encore des extrémités supérieures. Le mélèze convient à la costruction des navires. La charpente qu'il fournit se putréfie moins facilement que celle du chêne sous les mêmes poids. Lehr fait observer dans son Histoire naturelle, page 269, que la qualité du mélèze rougeâtre à veines foncées, est la meilleure.

Les Ecossais attribuent au mélèze le caractère de se courber après qu'il est abattu, et ils indiquent le moyen à employer pour prévenir ceci. Ce moyen est d'équarrir les billots immédiatement après la coupe et à les entasser normalement en les changeant de temps en temps de place.

Le mélèze se fend assez régulierement et on l'emploie entr'autres, à cause de sa solidité, dans les Grisons et en diverses localités pour les lattes des toitures.

Le baron de Drëy rapporte, qu'il a conservé pendant 12 ans du vin dans des tonneaux en bois de mélèze, qui pendant tout ce temps sont restés intacts. Cette expérience a été appuyée plus tard par le grand-véneur Vurtembergeois Mr. de Veitershausen. Dans les archives de la société économique de Berne on peut lire aussi, qu'en Suisse les expériences, faites pour la conservation des vins dans des tonneaux en mélèze, ont fourni un résultat favorable. En Sibérie les tonneaux, dans lesquels on conservèe le kvass, se font de préférence en bois de mélèze.

Lui aussi (Mr. de Drey) a employé le bois de mélèze pour les rais de roues, pour les planchers d'écuries, etc. et il a reconnu, que le mélèze ne cède en rien au chêne quant à la solidité. Ses expériences sont d'autant plus intéressantes, que les arbres qu'il avait utilisé n'avaient pas plus de six ans. Quel autre arbre à un pareil âge fournit-il un matériel si avantageux? Il faut au chêne 70 ans pour atteindre la même taille. Le bois de mélèze convient aussi parfaitement à tous les travaux de menuiserie, et l'on peut le vernir et le polir aussi facilement que toutes les autres espèces de bois en usage.

Pour la literie, on préfère sans contredit le mélèze, en temps que les punaises redoutent son odeur. Il parait même qu'une simple décoction de ce vegétal détruit ces insectes. En Tyrol et en maints autres endroits, on emploie le mélèze pour les claviatures, les clavains et les instruments de musique.

Comme matériel de combustion, le mélèze se range parmi les bois, qui fournissent le plus de calorique, surtout en pleine croissance. Son rapport avec le bois de hêtre est 17 : 23, et avec le sapin 23 : 13. — Sa vitesse de combustion est égale à celle du sapin, c'est pourquoi les potiers en Sibérie l'emploient de préférence comme combustible, ainsi que les potiers finlandais emploient le sapin. Pour la cuisine le bois de mélèze est supérieur au pin et au sapin, en temps qu'il fournit un charbon plus dur et plus abondant; mais pendant la combustion il pétille à l'égal du sapin.

L'écorce de mélèze est aussi employée pour le tannage des peaux, auxquelles elle donne de la souplesse.

On retirait autrefois du mélèze la fameuse «*Manna brigantina*» qui aujourd'hui n'est plus dans le commerce et ne se recueille plus; cependant cette manne était d'une grande utilité en apisciculture; qui la recommande pour les excellents miels de Chamounix. C'est aussi du mélèze, que l'on retire le produit résineux nommé «*thérébentine vénitienne*»; voici comment on l'extrait. Au printemps, après avoir enlevé complétement l'aubier, on perce des trous dans l'arbre jusqu'a la moëlle; la thérébentine se concentre dans ces trous et continue à suinter jusqu'au mois d'août. Durant ce temps, un arbre de grande dimension fournit de 6—8 livres de thérébentine, qui joue en Suisse un rôle important dans les articles d'exportation. Lorsque la thérébentine a cessé de suinter, on bouche soigneusement les trous, et l'on peut de cette manière extraire ce produit de chaque arbre pendant plusieurs années; mais il est à remarquer que la plante ainsi exploitée s'affaiblit tellement, qu'il n'y a plus moyen de l'utiliser pour les bésoins maritimes. C'est pour cette raison qu'à Salzbourg déjà en 1524 il fut défendu de perforer les mélèzes.

Là dessus, il ne nous reste plus qu'à ajouter ici les observations suivantes faites par le naturaliste Suédois Aganda, qui a fait partie de l'expédition au pôle nord en 1868.

Dans son voyage, l'expédition polaire rencontra aux environs du Spitzberg des bois flottants du genre mélèze, qui selon toute apparence venaient de Sibérie.

Il y a en Amérique deux sortes de mélèze, tandis qu'en Sibérie on en compte cinq. Le mélèze américain est assez rare, et l'une de ses deux espèces surnage difficilement à la surface de l'eau.

On peut donc en conclure, que le mélèze de Sibérie est plus léger que celui de l'Amérique et qu'il a, sans aucun doute, une grande importance pour l'avenir de la construction des navires. Le mélèze sibérien du Yénissei, qui se trouve actuellement à l'exposition, surpasse en importance tout ce qui vient d'être dit, non seulement au sujet du mélèze Européen, mais aussi au sujet du mélèze de la Petchora. Deux troncs du mélèze du Yénisséï démontrent, qu'un arbre de 428 ans a seulement 2 pieds de diamètre; une poutre équarrie provenant d'un arbre de 300 ans a seulement $1^1/_2$ pied. D'un autre côté Mr. Vesseli, qui a fait une étude détaillé du mélèze des Alpes autrichiennes dit que là-bas les arbres de 400 ans ont 4 pieds d'épaisseur. Il parait alors, que le mélèze de Sibérie est deux fois plus épais que celui d'Autriche.

Poids spécifiques des mélèzes russes:

	Poids.	
	Spécifiques.	Par pied cube en livres.
Mélèze de la Dvina du Nord — à moitié sec	0,570	39,33
» — de la Petchora, âgé d'un an .	0,618	42,64
» — du Yénisséï, âgé de trois ans.	0,801	55,30

Le bois de cèdre, qui se trouve à l'exposition, est remarquable par sa souplesse, sa légèreté et sa blancheur. Il est supérieur à celui du sapin rose et du sapin blanc. Le cèdre est employé pour les planches de parquets, pour meubles, instruments, ustensiles, tonneaux.

Poids spécifiques des cèdres de Russie.

	Poids.	
	Spécifiques.	Par pied cube en livres.
Cèdre du fleuve Petchora, âgé d'un an	0,424	29,25
» du fleuve Yénisséï, âgé de 3 ans.	0,436	30,08

Les bois de mélèze et de cèdre du fleuve Yenisséï ont trouvé un débouché en Europe seulement en l'an 1877, c'est à dire après la découverte d'une voie maritime définitive par le Yacht «Zaria», qui en a apporté un chargement du Yénisséï à St. Pétersbourg, et a fourni de cette manière la possibilité d'en faire parvenir des types à l'Exposition de Paris.

Ainsi que l'homme est affligé de maladies extérieures et intérieures, il en est de même des arbres à feuilles aceculaires. Leurs bois sont aussi affligés de vices tellement malins et cachés, que, seulement au moyen de la plus grande circonspection et d'une longue expérience, il devient possible de definir la valeur d'un bois abattu. Tous les defauts des arbres peuvent être aussi divisés: en des defauts extérieures, visibles au premier coup d'oeil et en des defauts, dont la présense se signale par certains symptômes particuliers, remarquables seulement à l'aide de sondages ou d'essais sur la résonnance du bois au marteau: gelivures, noeuds d'orties, etc.

Toutes ces maladies ont été décrites dans un ouvrage spécial avec dessins publié par Mr. M. K. Sidoroff.

---

2. Le Graphite

A l'exposition de Paris se trouve aussi du Graphite applicable: a) à la fabrication de creusets réfractaires, de retortes et de briques; b) à la fabrication de crayons; c) aux couleurs typographiques, etc.; d) à la politure des constructions en fer; e) à peinture des tôles et au graissage, des essieux et roues de chemins de fer, des équipages, de machines, et enfin f) comme engrais agricole dans les régions septentrionales.

Les échantillons de ce graphite ont été exposés par Mr. Sidoroff aux expositions universelles, la 2-e. à Londres, 2-e. à Paris, dans une proportion de 35 poudes chacune; à deux expositions à St. Pétersbourg, l'une de la Société Impériale Economique, et l'autre la 1-re Industrielle; enfin à Stettin. A toutes ces 5 expositions ce graphite a été médaillé et a reçu à l'exposition polytechnique de Moscou un prix de 1-re catégorie. En outre, des échantillons du dit graphite ont été exposés dans plusieurs musées de sociétés géologiques, d'universités, et présentés à des autorités commerciales en Angleterre, en France, en Autriche, en Prusse et en Amérique. Tous ces juges compétents sans exception ont bien voulu exprimer au sujet de ce graphite leur pleine satisfaction: en Angleterre, Mr. Edwars, Directeur en chef des mines Brokendon, propriétaire du graphite du Cumberland, a certifié n'avoir jamais encore vu de si bon graphite provenant de l'étranger*). En Prusse, ce graphite a été

*) Gazette de Moscou de Börsenhalle 1862. No 188 et Journal des mines année 1864.—No 7.—Statuts du doctene Mr. Eichwaldt, membre de l'Académie géognosique et minéralog'que.

estimé supérieur à celui du Cumberland*) et en Amérique, avec une partie de ce qui avait été expédié, de notre graphite de Touroukhansk, il a été confectionné deux creusets pour l'acier et le résultat de l'essai a été des plus satisfaisants. Un des creusets fut soumis à une chaleur intense, et il résista parfaitement; puis ensuite on le remplit de fonte et on le soumit à l'épreuve des creusets en graphite de Ceylon, puis encore après cela, dès que le métal fut fondu, on le replaça dans le poële et toujours avec les mêmes résultats favorables. Nous sommes obligés d'ajouter ici, que réellement nous avons été étonnés de ces résultats, et nous sommes persuadés, que si ce graphite peut être amené ici pour l'exporter en Amérique, il pourra remplacer celui de Ceylon **).

Les échantillons de ce graphite en mottes-minerais de 1 à 5 poudes, ont été présentés aux Académies de St. Pétersbourg: de l'Artillerie, du Génie, de Médecine, à l'institut technologique, aux universités de St. Pétersbourg et de Moscou, etc. Le plus grand bloc pésant 16 poudes a été présenté à S. A. Impériale le Grand-duc-héritier décédé Nicolas Alexandrovitch. Le célèbre inventeur de l'acier fondu pour canons, Mr. le Colonel P. M. Aboukhov, pendant son administration de la manufacture de Zlatoust du Prince Miche a déclaré ce graphite convenable pour les creusets à fondre les aciers laminés à canons.

Analyses du graphite Toungous.

Suivant l'expertise faite au laboratoire du Département des mines, sur 100 parties:

Carbone.	94,28
Autres parties intégrantes	5,72

---

*) Expertises faites à Berlin en 1865, par le chimiste, docteur Pivurek, membre du jury.

**) Lettre de Mr. Moullikine de New-York au comptoir Américain Roïss et Compagnie à St. Pétersbourg du 28 Juillet 1865.

Suivant l'expertise faite au laboratoire de l'artillerie:

Carbone 89,18
Autres parties intégrantes 9,73
Matière aqueuse 1,09

Suivant l'expertise faite àBerlin par Mr. Tsiourek, docteur en chimie et jury au tribunal:

Carbone 93,780
Autres parties intégrantes 4,345
Matière aqueuse 1,875

L'endroit natif du minerai Koureïsky est situé sur le bord de la rivière Koureïka, qui se jette dans le fleuve Yenisséï à 150 verstes en aval de la rivière Basse-Toungouse, et à 100 verstes plus bas que Touroukhansk.

Analyses du graphite de Kouréïka.

Suivant l'expertise faite au laboratoire de l'artillerie à St. Pétersbourg:

Carbone. 90,67
Autres parties intégrantes 8,16
Matière aqueuse 1,06

Suivant l'expertise faite à Berlin par Mr. Tsiourek, docteur en chimie et jury au tribunal:

Carbone 90,314
Autres parties intégrantes 8,597
Matière aqueuse 1,083

I. Poids spécifiques.

1) Graphite de Ceylon. 2,211
2) » anglais du Cumberland 2,019
3) » de Passaousk. 1,790
4) » Slantsévate-Sibérien (Touroukhansk). 1,803
5) » (»). 1,878
6) » Pétchora 1,907

II. Chaleur latente.

Celle du graphite de Ceylon est la plus puissante, elle l'est moins dans les graphites de Sibérie (Touroukhansk), de Cumberland, et la plus faible dans les graphites de Passaousk et de la Petchora.

III. Combustibilité.

A quantités égales de graphite pilé, à la même température, et dans le même cube d'air ambian, il s'est consumé:

1)	Graphite de la Petchora en.	2	heures.
2)	» de Passaousk en	4	»
3)	» Slantsévate, Sibérien (Touroukhansk)	3	»
4)	» Cumberland	4	»
5)	» Sibérien (Touroukhansk)	14	»
6)	» Ceylon	11	»

IV. Composition.

	Graphites de					
	Ceylon.	Cumberland.	Sibérie.	Slantsévate Sibérie.	Passaousk.	Petchora.
Matière aqueuse.	0,63%	1,841%	1,083%	1,875%	0,84%	0,77%
Carbone . .	86,17%	93,087%	90,314%	93,793%	45,87%	36,78%
Oxyde de fer, Acide silicique Silice, chaux etc..... en combinaison. . .	12,90%	5,070%	8,597%	4,345%	53,29%	62,45%

V. Propriété de la masse réfractaire.

Le graphite de Ceylon et le graphite compacte de la Sibérie ont fourni la meilleure masse réfractaire avec le moins de scorie. Celui de Cumberland et le graphite chisteux ont fourni une masse de qualité inférieure. Les graphites de Passaousk et de Petchora n'ont fourni qu'une matière scorieuse impropre à la fabrication des creusets. En me basant sur les résultats obtenus, je dois exprimer l'opinion suivante: «le graphite compacte de Sibérie que j'ai eu entre les mains, est excellent pour la fabrication des creusets, et même on peut dire, qu'à cet égard, il est supérieur à celui de Ceylon.»

B. Fabrication des crayons.

On distingue la finesse du graphite à la ténuité des particules, qui s'attachent au papier au frottement. Plus les particules, qui se séparent de la matière graphite du crayon, sont ténues, c. à dire plus ces particules, sous l'influence de la frixion, s'attachent facilement au papier, plus le graphite convient à cette fabrication.

Parmi les échantillons de graphite de Sibérie, qui m'ont passé par les mains, celui, qui est chisteux, convient parfaitement aux conditions demandées et celui, qui est compact, lui est inférieur. En outre tandis que ce dernier noircit fort peu le papier, le graphite chisteux fait des traits noirs foncés, de sorte qu'on peut le regarder à cet égard comme cédant fort peu au graphite de Cumberland, et comme supérieur à celui de Passaousk et Ceylon. Les graphites de Petchora et de Ceylon (de la qualité qui se trouve entre mes mains) ne sont pas bons pour la fabrication des crayons, le premier est trop compact et trop dur, quant au second, les lamettes qui le, composent sont trop grosses et se détachent difficilement. L'exploitation du graphite de Touroukhansk et son importation n'ont pu être établies qu'aujourd'hui, c. à dire à partir de la découverte de la voie de passage de l'embouchure du Yénisséï en Europe.

3. Résine minérale.

A l'exposition il y a de la résine minérale de la Petchora.

Pierre le Grand, étant à Arkhanguelsk, entendit parler de la résine minérale de la rivière Oukhta, affluent de la Petchora; en 1697 il en envoya en Hollande pour en faire des essais et en 1745 son idée fut mise à exécution par le marchand Nabatoff, qui construisit une raffinerie de naphtes. Ce naphte fut alors expédié de Oukhta à Moscou jusqu'à nos jours en quantités de mille poudes par an.—Jusqu'en 1864 personne ne se soucia d'entreprendre cette industrie à la Petchora, et ce n'est qu'alors, que Mr. Sidoroff se mit en oeuvre d'obtenir la concession de la localité, où se trouvent des quantités considérables de naphtes, dans le but de les exploiter pour le chauffage des bateaux à vapeur de la Petchora.

En 1868, il fut accordé à Mr. Sidoroff une verste carrée et les forages fournirent plus de mille poudes de naphte, qui fut immédiatement employé au chauffage du bateau à vapeur construit par Mr. Sidoroff sur la Petchora; l'expérience a démontré, que ce naphte est d'une grande importance pour l'extension de la navigation, principalement pour l'entretien des communications entre les embouchures des rivières de la Sibérie.

La résine minérale exposée est dans son état naturel, telle qu'elle sort des puits forés à une profondeur de 171 pieds. Cette profondeur est la plus grande de toutes celles qui sont atteintes en Sibérie. Les habitants de la localité l'emploient pour chauffer leurs demeures et comme remède contre diverses maladies intérieures: plusieurs d'entr'eux boivent cette résine minérale par verre, et en prennent quelques fois deux de suite.

Analyses de la résine minérale de la Petchora

faites à St. Pétersbourg, à Berlin et à Hambourg.

A St. Pétersbourg au laboratoire de l'institut technologique par Mr. Brovlevski:

Eau	0,5%
Kérassine distillée de 130° à 180°	0,5 »
Huile de lampe de 180°—245° — 8,839	3,5 »
Huile dense de 245°—280° — 0,844	4,5 »
Huile de goudron	50,0 »
Résidu naphtalin	31,0 »
Huile à graisser de 280°—350	10,0 »
	100,0%

Par le docteur et chimiste M. Tsiourek à Berlin:

Eau concentrée à 120° Celsius	4,34%
Naphte	0,34 »
Huile peu dense	1,37 »
» dense	3,11 »
Paraphine à 250° Celsius	82,41 »
Gaz et pertes	8,43 »
	100,0%

Par le professeur Mr. Ouleks à Hambourg:

Benzine (0,600—0,750)	0,07%
Photogène 0,780—0820 (jaune-foncé à 0,779 Cels.)	4,1 »
Huile dense 0,845—0,900 (jaune-brun à 0,883 Cels.)	80,3 »
Paraphine	2,4 »
Kréosote	0,0 »
Résine d'asphalte	13,2 »
	100,0%

Analyses de la mine de Petchora:

a) Faites à St. Pétersbourg par Mr. Matizen.

Paraphine	20, %
Pétrole	13,5 »
Huile à graisser	11,5 »
Coaks	7,0 »
Calcaire	48,0 »
	100

b) Faites à Paris:

Huile ordinaire	14,6%
Coaks	11,6 »
Chaux	55,0 »
Eau	2,0 »
Residues	16,8 »
	100,0%

www.ingramcontent.com/pod-product-compliance
Ingram Content Group UK Ltd.
Pitfield, Milton Keynes, MK11 3LW, UK
UKHW021506260726
13993UKWH00004B/1582